HH-1296

LE CIMETIÈRE DE PARADIS

MÉMOIRE

AU

CONSEIL MUNICIPAL

ET AUX

HABITANTS DE CHAMBÉRY

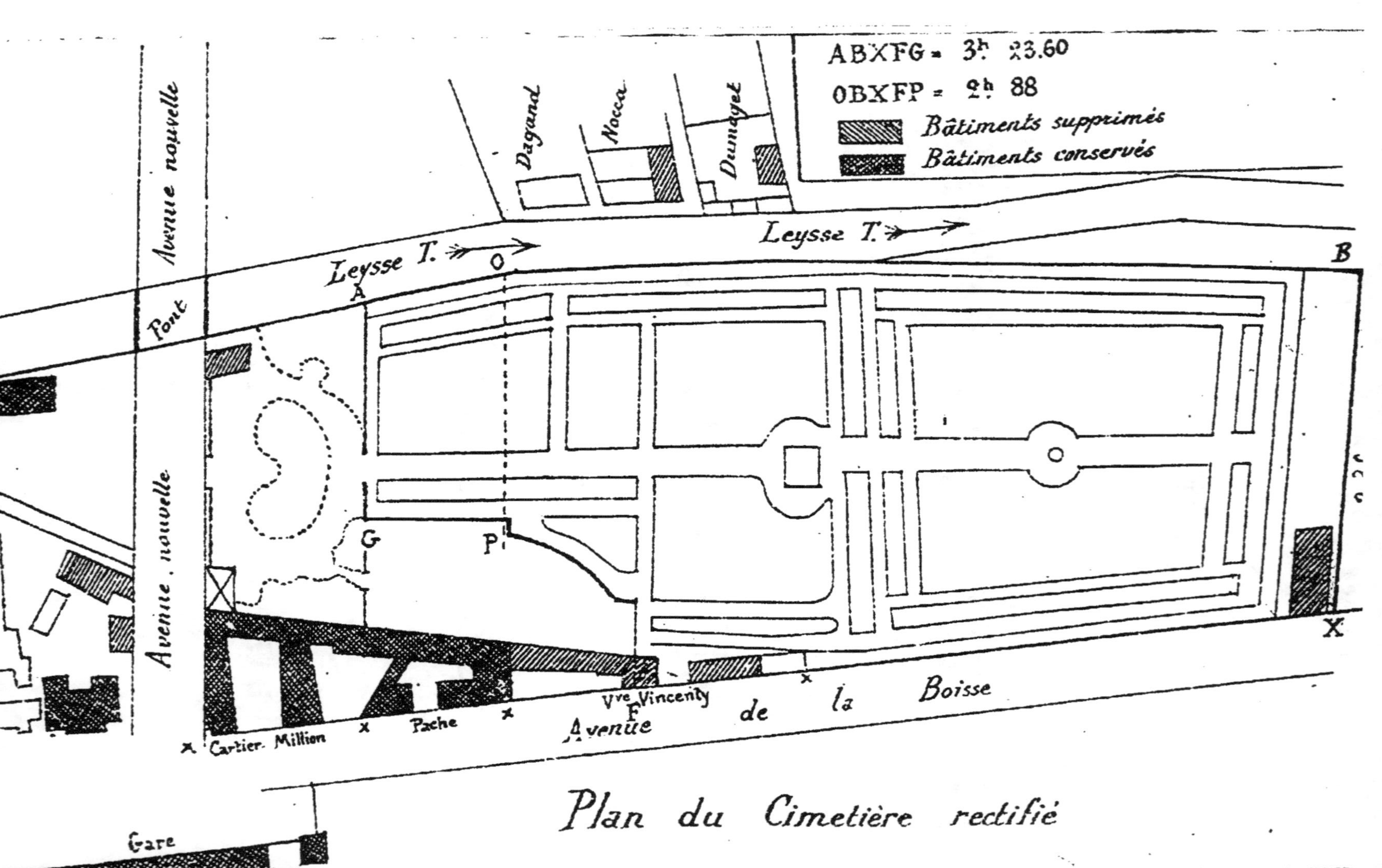

ABXFG = 3ʰ 23.60
OBXFP = 2ʰ 88
Bâtiments supprimés
Bâtiments conservés
Dagand
Nocca
Dumoget
Avenue nouvelle
Pont
Leysse T.
Leysse T.
A
O
B
Gare
Avenue nouvelle
Cartier. Million
Pache
Vve Vincenty
F
Avenue
de la
Boisse
G
P
X
Plan du Cimetière rectifié

LE CIMETIÈRE DE PARADIS

MÉMOIRE

AU

CONSEIL MUNICIPAL

ET AUX

HABITANTS DE CHAMBÉRY

LE CIMETIÈRE DE PARADIS

La population de Chambéry a été vivement émue par les récentes délibérations du Conseil municipal demandant à l'autorité supérieure la désaffectation de l'ancien Cimetière de Paradis et le transfert du lieu des sépultures sur un autre point de la banlieue.

Un grand nombre de concessionnaires de tombes se sont réunis en Syndicat pour la défense de leurs intérêts. Ils soumettent au Conseil municipal et au public les observations suivantes.

HISTORIQUE

En 1892, le Conseil municipal avait constaté la nécessité d'augmenter l'étendue du Cimetière de Paradis : il avait cru pouvoir affecter à cet agrandissement la majeure partie du clos Favergeat, dès longtemps acheté à cet effet. Il était prévu, toutefois, qu'on désaffecterait ultérieurement une grande portion des deux premiers carrés pour éloigner les sépultures des abords de la ville.

La question paraissait résolue d'une manière définitive par les délibérations municipales des 28 octobre 1892 et 17 février 1893, qui reçurent l'approbation préfectorale.

La parfaite innocuité du Cimetière de Paradis, au point de vue de la salubrité publique, avait été démontrée par les études de la Commission municipale, qui avait vérifié que la moyenne des décès dans le quartier de la Gare avait été dans les dernières années de 16 % seulement, tandis qu'elle avait été de 22 à 23 % dans l'ensemble de la ville. (Rapport de M. Perrier, maire, à la séance du 28 octobre 1892.)

Installé entre une rivière et une route, le Cimetière ne pouvait guère causer d'inconvénients aux propriétés voisines. Les dimensions qu'on lui avait données, de l'aveu de tous, étaient suffisantes et pour le présent et pour l'avenir. Enfin, le développement de la ville aux environs de la Gare se trouvait assuré par la transformation en jardin des deux premiers carrés et la mise en valeur prochaine du jardin qui jusque-là avait servi d'entrée.

Dans ces conditions, la proximité du Cimetière offrait divers avantages : elle facilitait l'assistance du public et du clergé aux cérémonies funèbres tout entières, en conformité des usages et des chères traditions de la population chambérienne si particulièrement affectionnée à ses morts ; elle permettait aux nombreuses personnes qui font de fréquentes visites aux tombes de leurs parents de remplir ce soin pieux sans peine, sans frais, sans grande perte de temps ; enfin, la Ville même bénéficiait de cette situation, car, sans cette proximité, beaucoup de concessions seraient plus volontiers prises dans les communes rurales où les habitants de Chambéry ont des propriétés.

Au surplus, on avait à Paradis une élégante chapelle et des tombeaux dont plusieurs présentent un véritable intérêt artistique.

Mais l'agrandissement voté et autorisé en 1893 n'était pas en régle avec les prescriptions de la loi administrative. La Ville avait laissé établir autour de l'ancien Cimetière, sans parler de la maison Pache qui existait partiellement avant 1860, diverses habitations tant sur la route de la Boisse que sur la rive gauche de la Leysse, sans se prévaloir du décret du 7 mars 1808 qui l'autorisait à les empêcher. De la sorte, l'ancien cimetière, primitivement isolé de la masse des habitations, se trouvait à moins de 35 mètres non seulement d'une maison, mais encore d'une *agglomération urbaine*, ce qui, d'après la jurisprudence du Conseil d'Etat, interdisait son agrandissement.

La Ville en fut avertie, avant qu'elle eût commencé les travaux ; car M. Michard, prête-nom de divers habitants du quartier de la Gare, lui signifia officiellement qu'il venait de former un pourvoi contre l'arrêté préfectoral d'autorisation.

Elle procéda néanmoins à cet agrandissement dès 1894, et le nouveau cimetière était déjà livré depuis près de deux ans aux inhumations lorsque, en 1896, un arrêté du Conseil d'Etat déclara illégal l'arrêté préfectoral qui avait permis l'extension.

Le rétablissement de l'état ancien des lieux s'imposait en première ligne. Divers procédés pouvaient aussi être tentés, comme on le verra plus loin, pour régulariser l'agrandissement. Mais le Conseil municipal préféra poser en principe le transfert du Cimetière, comme si c'était la solution unique, inévitable et forcée ; et, comme mesure provisoire, au lieu de remettre les anciens carrés dans leur clôture, il a, par sa délibération du 7 août dernier, demandé à M. le Préfet de la Savoie de désaffecter non pas le nouvel emplacement irrégulièrement annexé, mais tout ou à peu près tout l'ancien Cimetière de Paradis. D'ailleurs, dans un rapport imprimé en date du 5 septembre, M. le Maire exposait au public qu'il s'agissait de transformer, dans un avenir plus ou moins lointain, en rues, places et maisons, tout l'espace employé aujourd'hui aux sépultures.

LA TRANSLATION

Un pareil projet a soulevé une générale réprobation.

Raisons morales.

Tous ceux qui, jeunes encore, peuvent compter sur trente ou quarante ans de vie, ont entrevu le jour où sur le sol où reposent leurs parents, sur leurs ossements mêmes — car il ne leur serait pas possible de les enlever — on installerait des rues, des égouts, des caves, des maisons de toutes sortes, en un mot toutes les scènes et arrière-scènes de la vie courante.

Voilà ce qu'ont pensé ceux qui n'ont pas de place concédée, mais qui vénèrent leurs morts dans la terre commune du Cimetière.

Quant aux concessionnaires de tombes, ils ont compris que, s'ils voulaient reposer à côté des leurs, ils devraient se soumettre aux lugubres cérémonies des exhumations et des transports et subir en outre des frais considérables dont la Ville ne pourrait jamais les indemniser complètement. Ils ont aperçu aussi qu'on avait la prétention, au cas où ils ne voudraient pas de concession dans le nouveau Cimetière, d'enlever d'office leurs morts et de renverser les monuments dont il se considèrent cependant comme propriétaires.

Motifs économiques et financiers. Dépenses.

Pour tous les contribuables d'ailleurs le projet municipal annonçait une augmentation sensible des charges municipales.

En effet, les dépenses du transfert, évaluées par M. le Maire à 415,000 francs au *maximum*, doivent être portées sans hésitation à plus de 600,000 francs.

Sans entrer dans tous les détails à cet égard, il suffit de signaler une ou deux erreurs manifestes.

M. le Maire compte pour le terrain à acheter et pour les accès 100,000 francs, et en outre 50,000 francs pour les remblais, ayant sans doute en vue le clos Morens qui confine le stand des Chevaliers-Tireurs (quoique le choix de cet emplacement, voisin du quartier populeux et de la promenade du Champ-de-Mars, ait déjà provoqué des protestations aussi nombreuses que raisonnables). Or, on peut affirmer, sans crainte d'exagération, que le remblai prévu coûterait non 50,000 francs, mais bien 80,000. Pour la voie d'accès, les prévisions ne sont pas moins insuffisantes. Ce n'est ni par l'avenue du Champ-de-Mars ni par les dédales des chemins d'Angleterre que les cortéges funèbres pourraient circuler ; on l'avait déjà unanimement reconnu en 1893. Il faudrait donc créer, pour une partie au moins du parcours, une voie nouvelle. La dépense de ce chef est difficile à prévoir : mais elle s'élèverait sans doute très haut, car c'est un fait de notoriété publique que plusieurs en ont escompté le profit. Il ne parait pas téméraire de dire que, de ce chef seul, M. le Maire a fait erreur *d'une centaine de mille francs.*

Une autre centaine de mille francs doit être ajoutée à celle qu'il a prévue pour indemniser les concessionnaires. Il existe, en effet, à ce jour, environ 750 concessions à perpétuité. M. le Maire compte que 400 seulement seront transférées et que pour chacune le transport coûtera 250 francs (100,000 francs en tout). On est plus près de la vérité en supposant qu'il ne resterait que 150 tombes abandonnées et, en tout cas, il est prudent de calculer ainsi. Quant à la dépense, ce n'est pas avec 400 francs en moyenne que l'on pourra : 1° établir un nouveau caveau (beaucoup ont double dimension) ; 2° transporter les restes (pour certains caveaux il faudra cinq ou six cercueils de bois dur, du prix moyen de 60 francs) ; 3° enlever les monuments, les transporter, les réédifier et la plupart du temps les refaire avec des matériaux neufs, les pierres frustes ne se prêtant pas à de pareilles opérations. En comptant 600 tombes, on arrive au chiffre minimum de 240,000 fr., au lieu de 100,000, *ce qui fait un écart de 140,000 francs.* A supposer même que les concessionnaires ne puissent pas obtenir pleine indemnité, et ils prétendent par d'assez bonnes raisons y avoir droit, ce ne serait pas moins les habitants de Chambéry qui subiraient la dépense de ces travaux inutiles.

Et nous ne parlons pas des dommages-intérêts exceptionnels auxquels la Ville pourrait être condamnée par les Tribunaux civils envers les concessionnaires établis par elle dans le nouveau Cimetière, *alors qu'elle avait été avisée de l'illégalité de l'extension* ; dommages-intérêts dérivant d'une faute commise et non d'une nécessité d'ordre public ; dommages qui sortiraient des provisions de l'ordonnance de 1843 sur le transport des Cimetières et qui comprendraient tous les éléments possibles de réparation, pour le préjudice moral comme pour le tort pécuniaire ; surtout quand il serait démontré que le concédant n'a pas voulu adopter une solution facile qui aurait garanti ses concessionnaires

Ces dommages échappent évidemment au calcul.

D'autre part, il n'a rien été prévu pour la chapelle du Cimetière. Et cependant des fondations, non sans importance, sont affectées à des services religieux qui doivent avoir lieu au Cimetière même. Il faudrait ou rendre l'argent ou construire une chapelle, ce qui d'ailleurs serait assez en rapport avec les sentiments de la population.

On le voit, la dépense évaluée à 415,000 francs *dépasserait 600,000 et se rapprocherait de 700,000 francs.*

Profits éventuels.

Doit-on mettre en regard le prix de revente des terrains de Paradis que le rapport de M. le Maire escompte pour 750,000 francs, à raison de 25,000 mètres vendus 30 francs le mètre?

Ce n'est là qu'un leurre.

D'abord, pourra-t-on vendre ? Pourra-t-on forcer tous les concessionnaires à s'en aller ? Ils prétendent le contraire et, comme on le verra, leurs arguments ne manquent pas de valeur.

Mais vint-on à leur faire quitter la place à tous, est-ce que dans trente ou quarante ans les terrains se paieraient 30 francs le mètre ? Nous ne disons pas les bordures de la route et ce qui avoisine de près la Gare, mais les 25,000 mètres qui touchent d'un côté à l'Usine à gaz et de l'autre à la rivière ?

Poser la question, c'est la résoudre. En 1892, quatre partisans décidés du transfert, MM. Cellière, Cartier-Million, Boget et Pache, pour tenter le Conseil municipal, ont cru offrir un prix magnifique du clos Favergeat, d'une étendue d'environ 15,000 mètres, en proposant de l'acheter à 55,000 francs, soit à moins de 4 francs le mètre (séance du 28 octobre 1892). Supprimons le Cimetière, supprimons les souvenirs : mais n'oublions pas que la population de la ville de Chambéry est stationnaire pour ne pas dire en décroissance, et demandons-nous si l'on vendra 30 francs le mètre en 1930 .... *et surtout si l'on vendra 25,000 mètres à ce prix!!*

On parle beaucoup des besoins du quartier de la Gare. Il est bon de remarquer cependant que le terrain de la ville en face de la gare se loue 315 francs, que tous les bâtiments de M. Cartier-Million n'atteignent pas 4,500 francs de location, et que, même entre la Gare et le pont du Reclus, on rencontre encore pas mal d'espaces qui seraient mieux utilisés qu'ils ne le sont si ces emplacements avaient l'énorme valeur que des opinions intéressées leur attribuent.

Le transfert du cimetière entraînerait donc une perte énorme pour les finances municipales sans compensation suffisante pour le commerce et l'industrie de notre cité.

PRÉTENTIONS DES CONCESSIONNAIRES

Une sommation signifiée à M. le Maire le 4 décembre 1896, par le ministère de Mᵉ Bourbon, huissier, a posé en termes juridiques les protestations des concessionnaires et les règles de droit sur lesquelles elles se fondent.

En voici le sens général :

1° Suppression des constructions irrégulièrement établies. — La Ville, qui a octroyé les concessions à beaux deniers comptant, est tenue comme tout vendeur à la garantie de son fait personnel. Elle doit donc faire tout ce qui dépend d'elle pour conserver les avantages qu'elle a conférés. Pourquoi a-t-elle laissé établir à moins de 35 mètres du Cimetière ancien des habitations qu'elle pouvait, aux termes du décret du 7 mars 1808, prohiber jusqu'à 100 mètres de distance ?

La jurisprudence de la Cour de cassation (1) lui permet de les faire supprimer par un jugement de simple police. Pourquoi n'agit-elle pas judiciairement? ou, si elle trouve le procédé trop

____

(1) Cass., 23 février 1867 ; Sirey, 1867, I, 311.

dur, pourquoi ne traite-t-elle pas avec les constructeurs dont les habitations sont assez insignifiantes ?

Les concessionnaires mettent la Ville en demeure ou de traiter ou d'intenter les actions judiciaires, faute de quoi ils se réservent de les intenter eux-mêmes comme contribuables en conformité de l'art. 123 de la loi municipale.

2° Désaffectation de l'ancien Cimetière. — Ce point acquis, la désaffectation n'a plus aucune raison d'être admise, si ce n'est pour la très minime partie de l'ancien Cimetière qui se trouverait à une distance moindre de 35 mètres des habitations qu'on ne pourrait pas supprimer.

Mais, si même toutes les habitations voisines subsistaient, la désaffectation de *l'ancien Cimetière* ne serait pas justifiée : car il pourrait être maintenu nonobstant sa proximité des maisons. Il suffit de supprimer l'agrandissement illégal par le rétablissement de l'ancienne clôture, — *rétablissement qui est de droit au profit des concessionnaires,* — et aucune raison de salubrité ne saurait être invoquée contre l'existence de ce Cimetière. Pour le désaffecter, au contraire, il faut donner une entorse à la vérité et à la loi et faire dire à M. le Préfet qu'il ferme le Cimetière pour cause d'insalubrité, alors qu'il le fermerait pour réparer et consacrer la faute de la Municipalité : car, si celle-ci a commis une imprudence en ôtant les clôtures après le pourvoi de 1893, elle viole aujourd'hui ouvertement le droit en refusant de les rétablir.

Il est plus que douteux que l'autorité supérieure se prête à un stratagème aussi incorrect et aussi lésif pour les légitimes intérêts des concessionnaires. D'ailleurs, il y a des juges pour connaître de ces choses : la Municipalité sait à quoi s'en tenir à cet égard.

Et dans le cas impossible où la Ville triompherait devant les juridictions administratives, les juridictions civiles, chargées d'apprécier les indemnités, tiendraient compte, sans nul doute, de la faute qui aurait été la cause du transfert.

3° Transfert des concessions dans le nouveau Cimetière. — Quand il y a lieu de créer un nouveau Cimetière, pour insuffisance de l'ancien, les concessionnaires qui ne veulent pas transporter leurs tombes dans le nouveau local peuvent-ils y être contraints ?

Cela dépend des circonstances : c'est ainsi que le transport, reconnu obligatoire à Marseille et à Dijon, n'a pas été opéré à Saint-Amand par exemple, où les tombes sont même restées ouvertes aux inhumations quand le reste du cimetière était mis en interdit (1).

La pratique dérivée à cet égard des arrêts du Conseil d'Etat est des plus rationnelles. Si le cimetière ancien est transféré *pour cause d'insalubrité, étant dans l'enceinte de la ville,* ou si des travaux d'utilité publique exigent l'emploi même du sol du cimetière, la fermeture totale s'impose. Mais s'il en est autrement, si la commune, pour de simples motifs de convenance ou de spéculation, trouve meilleur de porter les inhumations sur un autre point de son territoire, les concessionnaires conservent des droits que n'ont pas les simples particuliers et la propriété qu'ils ont de leurs tombeaux interdit tout au moins à l'Administration d'y toucher : car il est licite pour une commune d'avoir plusieurs lieux de sépultures.

Or telle est la situation de Chambéry, puisque l'ancien cimetière peut être conservé.

Quant au magnifique quartier que certaines imaginations voient déjà s'élever sur le champ des morts, il faut y renoncer. Pour livrer à la spéculation individuelle ces terrains, l'expropriation devrait être prononcé *pour cause d'utilité privée,* ce qui serait absolument nouveau dans notre législation.

Aussi les concessionnaires protestent-ils de leur droit de ne pas quitter leurs emplacements actuels, encore que la Ville de Chambéry créerait un second cimetière et en ferait pour l'avenir le lieu normal des inhumations.

4° Rétablissement de l'ancien Cimetière. — Enfin, pour le cas où la Ville ne trouverait pas le moyen de régulariser l'agrandissement, la première mesure à prendre, celle à laquelle les concessionnaires ont un droit immédiat, c'est le rétablissement des lieux dans l'état où ils se trouvaient en 1893.

Ce point ne saurait être contesté. Les cimetières doivent être clos : les concessionnaires ont qualité pour faire observer par la commune cette prescription légale qui les intéresse à divers points de vue. Ici, depuis plus de six mois que l'arrêté préfectoral a été annulé, la clôture n'a pas été replacée. La prolongation de cet état cause le plus grand préjudice aux concessionnaires qui, auparavant, étaient en règle et qui se trouvent maintenant exposés aux difficultés administratives et aux tentatives de désaffectation que l'on sait.

____

(1) Conseil d'Etat, 17 juin 1881. — Sir., 83, 3, 0.

Faute par la Ville d'apporter une solution favorable au maintien de leurs tombes, ils réclameront d'urgence, au besoin devant les Tribunaux, le rétablissement de la clôture, c'est-à-dire le retour à l'ancien état des lieux.

———

Mais les concessionnaires ne croient pas avoir fait assez en affirmant leurs prétentions. Ils proposent à la Municipalité deux solutions qui, toutes les deux, concilieraient les divers intérêts en présence, la première toutefois n'étant qu'un pis-aller et ne devant être acceptée qu'autant que la seconde serait reconnue radicalement impraticable.

PREMIÈRE SOLUTION

S'il n'y avait aucun moyen de conserver l'ensemble du cimetière de Paradis avec sa récente extension, la Ville devrait avant tout rétablir l'état antérieur.

Ensuite, elle devrait pourvoir à la création d'un second cimetière.

Quelques personnes ont pensé qu'il conviendrait d'établir un cimetière spécial pour l'un des quartiers excentriques, par exemple pour la paroisse de Maché. Dans le cas où les Hospices se transporteraient à Mongex, cette idée aurait un caractère particulièrement pratique, étant donné que les Hospices fournissent un contingent de mortalité très considérable.

Toutefois, si l'on prend souci des finances municipales, on reste convaincu que le meilleur cimetière de supplément est celui-là même qui, de fait, a déjà été créé en 1893 dans le clos Favergeat. Il suffirait en effet, pour l'observation des règles administratives, que ce nouvel emplacement fût séparé de l'ancien cimetière par une rue de quelques mètres et une double clôture : d'autant qu'on pourrait l'agrandir des 2,000 mètres environ qui le bordent au nord et qui appartiennent encore à la Ville (l'Usine à gaz ne serait pas un obstacle, le Conseil d'État autorisant une distance moindre de 35 mètres lorsqu'il s'agit d'une maison isolée) (1).

———

(1) Conseil d'État, 23 décembre 1887 ; Lebon, 1887, p. 803 : distance de 10 mètres.

Là juxtaposition de deux cimetières à peu de distance l'un de l'autre n'aurait rien d'extraordinaire. C'est ainsi qu'à Lyon le quartier de la Guillotière en possède deux, moins rapprochés il est vrai, mais très voisins cependant.

Cette solution permettrait la désaffectation prévue en 1893 d'une portion des deux premiers carrés proches de la gare, puisque la bande de 20 mètres de large sur 100 mètres de long qui serait ajoutée offrirait *plus de surface* que le chemin intermédiaire destiné à séparer l'ancien du nouveau cimetière.

Cette solution n'est donc pas inacceptable. Reste à voir s'il n'y en a pas une meilleure.

SECONDE SOLUTION

Les concessionnaires ont fait étudier un projet qui résoudrait toutes les difficultés sans s'écarter des vues adoptées en 1893 et qui permettrait de conserver l'agrandissement alors opéré, en gagnant du côté de la ville une distance analogue à celle qui avait été prévue à cette époque.

Données générales du projet.

Ce projet suppose l'achat du clos de Madame veuve Vincenty, dont une partie accroîtrait le Cimetière en l'amenant, par la suppression d'une bordure inutile, jusqu'à l'avenue de la Boisse, et dont l'autre partie servirait à fournir la distance légale, pouvant être louée pour des entrepôts. Il comporte aussi, sur la rive gauche de la Leysse, l'acquisition du clos de M. Dumoget et la transformation en simples dépôts de l'habitation élevée par M. Nocca. La Ville aurait peut-être intérêt à acheter le tout pour le chemin à construire le long de la rivière, chemin qui figurera sans doute dans le plan d'alignement aujourd'hui en préparation.

Il ne faut rien de plus. C'est à tort que le plan soumis par la Municipalité à la préfecture (qui d'ailleurs compte partout 40 mètres au lieu de 35) fait état du clos de M. Dagand : car ce jardin ne renferme aucune habitation.

On pourrait cependant conserver une surface de l'ancien Cimetière plus grande encore que celle qui est portée au plan si l'on achetait les bâtiments de la succession Pache et si l'on ne laissait subsister comme habitation que la partie qui se trouve en façade sur la route de la Boisse. Mais ceci est en dehors du projet proprement dit.

Le plan, dressé par M. Lathoud, architecte, indique tout d'abord l'avenue, dès longtemps projetée par la Municipalité, qui doit rejoindre la Gare au carrefour de l'avenue du Champ-de-Mars, du boulevard Pierre Lanfrey et de la route du Bon-Pasteur. Cette avenue, comportant un pont sur la Leysse, laissera sur la gauche, du côté de la Gare, avant le pont, deux grands emplacements pouvant servir à des constructions, ou mieux encore à des squares, les constructions venant plus à propos dans l'espace à droite, après le pont.

Sur cette avenue, qui traversera le jardin d'entrée actuel de Paradis, s'ouvrira un nouveau jardin d'une largeur de 45 mètres environ, avec massif d'arbres au centre, cachant la porte du Cimetière et donnant toutes facilités pour les défilés de piétons et de voitures. (Ligne A, G du plan, dressé spécialement en vue de ce projet.)

Cette largeur pourrait être portée à 85 mètres si l'on voulait pousser la désaffectation jusqu'aux limites prévues en 1893. (Le plan indique aussi par un pointillé P O ce second projet.)

Nous avons supposé, en effet, que l'avenue de la Gare irait rejoindre l'extrémité-Nord du Verney, parce que c'était là l'hypothèse la plus défavorable au cimetière. Mais plusieurs pensent que cette avenue devrait être dirigée vers la rue des Écoles, ce qui mettrait le pont en équerre sur la Leysse à 40 ou 50 mètres plus haut. Avec ce tracé, on aurait un espace de près de 100 mètres entre l'avenue de la Gare et le cimetière en restant dans les termes du premier projet et sans atteindre même la ligne de recul de 1893, et un espace de 140 mètres si l'on adoptait cette ligne.

Vient ensuite l'entrée avec l'allée centrale actuelle, suffisamment élargie jusqu'à la chapelle. A gauche, rien ne sera modifié, si ce n'est peut-être que quelques concessions seront mises en bordure ornementale de chaque côté de cette allée. Mais, à droite, la ligne actuelle du mur de clôture sera rapprochée du centre, puis tournera en angle ou en rond pour aller jusqu'à la route de la Boisse, englobant une portion du clos Vincenty. Cette forme nouvelle, qui ne manque pas d'élégance, permettra d'installer à droite de l'allée principale trois rangs de concessions. Quant à la croix centrale, elle restera à sa place ou sera plus opportunément transportée au milieu du nouveau Cimetière.

Enfin celui-ci sera agrandi de tout ou partie de la bande de terrain appartenant à la Ville qui le confine au nord : l'addition ne viendra d'ailleurs qu'au moment où elle sera reconnue nécessaire. Cette bande avait été créée pour un chemin et un pont qui deviendront inutiles après la création de l'avenue de la Gare.

Dans l'espace de 35 mètres de largeur compris entre les bâtiments de la succession Pache et la nouvelle clôture du Cimetière se placeront naturellement le jardin, la pépinière et la serre utiles au gardien, dont le logis pourra être construit sur la nouvelle avenue allant au Champ-de-Mars, à l'entrée même du jardin d'accès.

De l'autre côté de la rivière, les maisons démolies pourraient être reconstruites à peu de frais à la distance de 35 mètres.

Tel est le plan dont les données générales sont seules indiquées, sauf au Conseil municipal à y faire telles modifications de détail qu'il avisera.

Légalité de l'agrandissement.

Ce projet, en premier lieu, supprime les difficultés légales, puisque l'agrandissement de 1893 se trouve ainsi régularisé. Les motifs de l'arrêt du Conseil d'Etat disparaissent dès qu'il n'existe plus à 35 mètres du mur extérieur aucune habitation, faisant partie de l'agglomération urbaine.

Etendue du Cimetière modifié.

On rentre ainsi, en second lieu, dans les conditions mêmes prévues par le précédent Conseil municipal. En effet, si l'on suit le premier tracé, celui qui constitue le plan Lathoud proprement dit, on enlève à l'ancien cimetière une surface sensiblement inférieure aux prévisions de 1893. La parcelle supprimée est seulement découpée dans une autre forme. Mais comme on ajoute d'autre part 1,000 ou 2,000 mètres au nord et une partie du clos Vincenty à l'est, le cimetière redevient en somme *plus grand* qu'on ne l'avait désiré après un examen approfondi à cette époque. Il mesure 3 hectares 213 ares 40 centiares.

Si, au contraire, pour s'éloigner encore de la Gare, on poussait la désaffectation jusqu'à la ligne qui figure au plan de 1893, en donnant 85 mètres au jardin d'entrée (dimension bien excessive), la réduction opérée dans les deux premiers carrés serait encore compensée par les additions dont il vient d'être parlé. Dans cette hypothèse aussi le cimetière resterait *plus grand* qu'il n'avait été jugé nécessaire. Or, on n'a signalé aucun élément nouveau qui permette de dire que les prévisions de 1893 étaient au-dessous des besoins de notre ville.

Encore ne parlons-nous pas de l'étendue supplémentaire que l'on pourrait obtenir en achetant la propriété Pache.

Dépenses à prévoir.

On voit tout de suite quelle énorme différence il y aurait entre le prix de la translation totale et le prix des modifications et aménagements qui sont proposés.

M. Dumoget offre volontairement son clos à 35,000 francs : la Ville l'achètera peut-être à meilleur compte ; et, dans tous les cas, le terrain conservera une valeur appréciable et sera avantageusement revendu quand le quai projeté aura été établi le long de la rivière. M. Nocca exige 15.000 francs pour enlever à son bâtiment le caractère d'habitation. Madame Vincenty demande 28.000 francs de son clos dont la partie habitation, joignant la maison Pache et louée 300 fr., pourra être conservée et revendue. C'est une dépense nette de 78.000 francs, qui peut être diminuée dans de larges proportions si c'est la Ville qui traite et dont, en tous cas, une partie se retrouvera plus tard.

Notons aussi pour mémoire que le clos Pache est offert à 70.000 francs, et qu'il y aurait lieu, en tous cas, d'en laisser subsister pour 40.000 francs environ.

Ces prix sont fixés par des compromis qu'a obtenus le Syndicat et dont la Ville peut se prévaloir pendant six mois.

Restent les aménagements et les transports de concessions qui seront certainement acceptés sans débat et qui pourront d'ailleurs être rendus obligatoires, ceux-là, en raison de la nécessité absolue qu'il y aura de se mettre à la distance légale des habitations subsistantes. Ces tombes sont au nombre approximatif de 100, et, comme le transport se fera à quelques mètres de distance, la dépense n'excédera pas 350 francs en moyenne, ce qui fera un total de 35.000 francs. Les autres travaux peuvent être évalués à 42.000 ou 50.000 francs, selon qu'on pratiquera ou non l'addition des 2,000 mètres dont il a été parlé. — Clôture nouvelle (320 m. à 40 fr.), 12.800 fr., et clôture du Nord déplacée (200 m. à 30 fr.), 6.000 fr.; — rétablissement des bâtiments actuels pour gardien, 15.000 fr.; — allées, 10 ou 12.000 fr.; — portail, plantations accessoires, 4.000 francs.

La dépense d'ensemble s'élévera donc à 128.000 francs *au maximum*.

Il y a loin de ce chiffre aux 6 à 700.000 francs que coûterait en réalité la translation, et même aux 415.000 francs que prévoit M. le Maire !

CONCLUSION

Enfin, cette solution, évidemment économique, évidemment suffisante pour le quartier de la Gare, ne contenterait pas seulement les concessionnaires, qui peuvent à la rigueur transporter leurs morts, mais surtout la grande masse de la population de Chambéry, qui apprécie les avantages d'une proximité relative du cimetière et qui aurait la satisfaction de penser que les petits espaces désaffectés resteront employés à des usages respectables pendant ce long temps qui embrasse deux ou trois générations et qu'on appelle la perpétuité.

Persuadés qu'une combinaison aussi sage peut encore trouver place dans les délibérations du Conseil municipal, les soussignés ont remis à M. le Maire le plan Lathoud et les compromis passés avec les voisins du cimetière. Ils le prient de les soumettre à l'Assemblée avec les présentes observations, qu'ils se réservent de faire valoir, au besoin, devant l'autorité supérieure.

Pour le Syndicat des concessionnaires :

ED. DE BUTTET, ED. LARACINE, P. LATHOUD,
V. LYONNE, H. MARESCHAL.

Chambéry, le 13 décembre 1896.

Chambéry. — Imprimerie Savoisienne, 5, rue du Château.